Instrumentos Músicos en las Miniaturas de los Códices Españoles

INSTRUMENTOS MÚSICOS

EN LAS

MINIATURAS DE LOS CÓDICES ESPAÑOLES

———

SIGLOS X AL XIII

DISCURSOS

LEÍDOS ANTE LA

Real Academia de Bellas Artes de San Fernando

EN LA RECEPCIÓN PÚBLICA

DEL ILMO. SEÑOR

D. ENRIQUE SERRANO FATIGATI

EL DÍA 20 DE OCTUBRE DE 1901

MADRID
IMPRENTA DE SAN FRANCISCO DE SALES
Pasaje de la Alhambra, núm. 1.
—
1901

DISCURSO

DEL

ILMO. SR. D. ENRIQUE SERRANO FATIGATI

Señores Académicos:

Si á los sentimientos sinceros del corazón correspondiera siempre en el exterior la brillantez de los períodos con que se expresan, yo estaría hoy seguro de ser elocuente y os podría pintar con frase galana la gratitud y la emoción que siento al verme aquí, por vuestro voto, entre los que han ilustrado la literatura histórica con sus valiosos libros, han restablecido el pasado restaurando sus monumentos, reprodujeron en piedra las formas humanas, emulando las glorias de los escultores antiguos, dieron vida con colores á los episodios heroicos ó las escenas tiernas, combinaron reducido número de notas en una inmensidad de hermosas melodías, penetraron en el espíritu de los autores de olvidadas edades, ó han condensado el alma popular española, reuniendo lo sentencioso y lo espontáneo, en un erudito refranero.

Desgraciadamente para mí no marchan siempre á la par las intenciones y los medios; y si mis propósitos de adhesión hacía vosotros no tienen límites, me los ponen muy estrechos mis recursos personales, obligándome á decir en prosa llana y corriente lo que desearía comunicaros en poéticos conceptos. Sucedo en este sitial á un escritor que os acompañó brevísimo tiempo en vuestras tareas, y, en parte también, á otro obrero de la inteligencia que no llegó á sentarse en el lugar para que le habíais designado. A los tres nombres de Saldoni, de Peña y Goñi y de Navarro va hoy á unirse el mío en el reducido espacio de nueve años y no sin melancólica tristeza es dable contemplar cuán efímeros son los honores más ambicionados y cuán presto se reducen al silencio las más preclaras inteligencias.

De Peña y Goñi os habló en los momentos próximos á su muerte vuestro compañero, y hoy ya mío, el Sr. Jimeno de Lerma y poco podrá decirse que complete su trabajo. De sobra os son conocidas las circunstancias todas de su vida; su nacimiento en Guipúzcoa, su precocidad para escribir artículos musicales, el amor con que fueron acogidos estos trabajos en periódicos españoles, franceses, é italianos, su traducción de los libretos de *Aida* y *Rienzi*, sus afortunadas tentativas, en zortzicos y otras piezas musicales, para pasar de la categoría de escritor á la dignidad de maestro y el triste momento de su muerte acaecida en Madrid á 13 de Noviembre de 1896, que interrumpió, con la existencia, la brillante serie de sus numerosos y muy variados trabajos en el arte y en otras esferas de la vida social.

Señalar la característica de su genio es empresa aún más difícil que describir bien todas sus obras. Tuve la suerte de acompañarle á París en el viaje que hicieron él y una de las hermanas *Ferni* durante el verano de 1878 y en la espontaneidad que se despierta en un coche de ferrocarril, contenida sólo por los preceptos no escritos de una moderación discreta, comprendí la viveza de aquella fantasía y la movilidad de aquel pensamiento, traducidas en las aficiones tan diversas, y para mis gustos tan contradictorias, que se asociaban en el autor de brillantes críticas de conciertos y pintorescas descripciones de nuestra fiesta nacional. Había en el fondo de su naturaleza sensible una doble polarización hacía lo tierno, y en el sentido de las emociones fuertes, que descubría á cada paso en todos sus actos y en todas sus ideas.

Tenía facilidad pasmosa para tratar de dos asuntos á la vez y expresarse con corrección en otros tantos idiomas; y siempre recordaré con agrado la conversación sostenida conmigo en español relatándome el argumento del *Capitán Fracasa*, á cuyo extreno en el *Odeón* pensaba asistir la misma noche de la llegada al término común de nuestro viaje, y las no interrumpidas observaciones delicadas que dirigía en buen italiano á la artista de talento que embellecía el coche con su presencia y por quien demostraba en todos los momentos una cariñosa solicitud.

No discutiré si hubiera resultado más fecunda para la obra de la cultura nacional la concentración de tau grandes energías en un solo orden de trabaios: el corte particular de cada entendimiento determina casi siempre si los objetivos de su actividad han de elegirse sencillos ó múltiples para la mayor potencia creadora. No sé cómo hubiera podido ser convertido en un profundo investigador de problemas artísticos ó en compositor muy alto de obras musicales de las que pasan á la posteridad; si que tal como era resultaba amenísimo su trato, llenas de chispazos de ingenio sus palabras y dotado su espíritu de ese poder de seducción que explica sus triunfos entre las gentes de la buena sociedad y sin el cual no existen los propagandistas.

Éralo, y vehemente, de todas sus devociones de tan complejo carácter, y sus afirmaciones rotundas, casi dogmáticas, le valieron alguna vez contrariedades y disgustos. De grave puede ya calificarse el provocado por un célebre diestro y de él le sacó honrosamente uno de sus padrinos declarando «que un hombre de la distinción de Peña y Goñi no podía exponerse á la punta de un estoque destinado á cortar existencias de otro género». La frase es digna del ingenioso escritor que la hizo y produjo entonces el buen resultado de evitar un lance desagradable.

Peña y Goñi dominaba también la técnica musical y más de una vez congregó en su casa á numerosas y distinguidas personalidades con el fin de despertar el amor por los cantos vascos ó difundir el conocimiento de una obra nueva. Mostraba acendrado cariño á todo lo castizo de esta tierra, haciendo gala de sus sinceros afectos en el mismo discurso de recepción en esta Real Academia, donde señala la zarzuela como la forma lírica genuinamente española.

Tal es, trazada á grandes rasgos, la silueta de mi predecesor.

Con no estar muy alejados unos de otros los años en que vivió y los días en que nos encontramos, se ha acentuado

2

en tan breve transcurso de tiempo el cambio que venía ya iniciándose en el carácter dominante de los escritores y de los escritos musicales. En los estudios artísticos, como en varias obras literarias, sacrifícase hoy muy á menudo lo ameno á lo profundo, y en tanto que la propaganda activa de lo sabido se diluye en brevísimas notas, concéntrase la atención de los estudiosos en la investigación de lo ignorado, abordando los problemas difíciles con éxito, en la mayor parte de los casos.

Vuélvese con mayor intensidad de análisis á los momentos en que el periódico *El Artista* y otras publicaciones insertaban curiosos artículos acerca de la música en tiempo de Carlo-Magno y en los primeros siglos del Cristianismo [1]; pero aleccionados los autores por la experiencia no se limitan á importar los datos recogidos en libros extranjeros como expresión de lo ocurrido en España, donde á excepcionales condiciones políticas medioevales, correspondieron estados también excepcionales de los diferentes elementos de nuestra antigua sociedad; trabajan la materia prima de los códices guardados en Archivos y Bibliotecas y trazan una historia que es nuestra verdadera historia.

Abordóse el conocimiento de las producciones que aplaudieron nuestros predecesores y nos crearon un honroso nombre artístico que podemos invocar como título á la consideración de los demás en el balance de las riquezas aportadas por cada pueblo al fondo común de la cultura general. *Eslava* trazó en su *Lira Sacra Hispánica* el cuadro completo de estas obras, con las deficiencias y hasta los errores inherentes á un primer ensayo, y hoy el *Maestro Pedrell* amplía, rectifica y engrandece la bella síntesis en su *Antología,* al mismo tiempo que despierta el interés por tan laudables empresas con sus hermosas conferencias del Ateneo.

Un análisis relacionado con los del segundo género, es el que voy á esbozar ante vosotros para cumplir mi deber reglamentario y dar forma á los datos cosechados revolviendo legajos y hojeando manuscritos ilustrados desde hace algunos años; contienen muchos miniaturas con músicos y diferentes instrumentos, siendo fácil deducir de su examen gráfico que la historia de esta rama artística que por ellos se revela, no concuerda con la trazada por los sabios europeos que han enumerado las fases de la música medioeval en otros países extranjeros.

I

El fenómeno social del *Renacimiento* se repite varias veces en el curso de la historia y no es la transición entre los siglos XV y XVI la única que se marca por un cambio más ó menos rápido en los sentimientos de nuestra especie y una transformación profunda en las artes que son reflejo de las misteriosas fuerzas del alma. No progresan éstas en ordenada serie: el examen de conjunto descubre una eterna tendencia hacia los mismos altos ideales, y los trabajos de análisis demuestran opuestamente, momentos de infecundidad, retrocesos y saltos bruscos que no coinciden en fecha para los distintos pueblos, ni son en ellos originados por idénticas causas.

Los largos años comprendidos entre la décima y la décimatercera centuria comenzaron en nuestra Península en medio de un gran decaimiento de la población cristiana y concluyeron, como en todas partes, por un vigoroso des-pertar del espíritu ciudadano y local. La serie de fases muy conocidas por que se pasó desde el primero al último término hubieron de influir también en todas las producciones geniales de diversos órdenes, y paralelo al desarrollo de la Arquitectura, como principal expresión por aquel entonces de las artes gráficas, se produjo el de la música y los recursos que le son propios, muy dignos de tenerse en cuenta en la medida del valor de las sucesivas civilizaciones.

El contraste entre las sociedades correspondiente á las dos fechas es profundo, pudiendo completarse en la historia del trabajo, con los datos referentes á las profesiones y oficios, lo que nos cuenta la historia política respecto de reinados é instituciones. El pueblo entero se movía entonces como ahora; de la obscura labor de los campesinos, de los menestrales y de los imagineros resultaban los cambios de fisonomía general que hemos atribuído sólo á las más altas de entre las ya elevadas clases directoras; luchaban éstas noblemente para hacer patria é imprimir sello al pensamiento y reunían los otros uno á uno elementos, con ignorada y paciente perseverancia, que variando lentamente de significación y valor modificaban el doble sello moral y físico de la raza entera.

Por eso es tan interesante el detalle, al parecer nimio, de las obras medioevales, para el que lo sabe apreciar con los ojos del alma. De los toscos relieves medio borrados por las aguas y de los dibujos incorrectísimos de los más vetustos manuscritos brota materializada gráficamente ante la fantasía del investigador la inteligencia de las medianías, el espíritu común de la época, la potencia creadora repartida entre muchos, la costumbre impuesta como ley que descubre algo del fondo de la existencia popular, el amaneramiento que no es gran arte, pero sí arte del vulgo, todo lo que no emociona ni arrastra cual los destellos de los talentos superiores y sí revela en cambio cómo pensaban y sentían los humildes y los adocenados cuando su dicha y sus intereses y su vida pesaban tan poco en el mundo.

Fueron para todas las razas europeas las postrimerías del siglo X período de angustias y temores, ya se debieran en parte á las predicciones del milenario que no debieron penetrar tan hondo en la masa como antes pudo creerse, ó ya se fundasen en los hechos reales de las opuestas y asoladoras invasiones. El suelo de nuestra patria actual fué agitado en este período por mayores violencias que otro alguno y en el flujo y reflujo de las corrientes nórdica y semita caían en tierra muchas semillas destinadas á germinar en frutos de belleza durante los siglos subsiguientes y desaparecían en su gran mayoría los tesoros legados por las civilizaciones anteriores.

La música y los instrumentos que la pertenecen queda-
ron aquí en aquella época reducidos á su más sencilla expresión, dato que se deduce del estudio de los únicos documentos fehacientes que poseemos. Difícil es acudir en este
período á los relieves que tanto abundan en la duodécima y
décimatercera centuria; pero algún códice como el *Apocalipsis* de El Escorial presenta en sus miniaturas singulares
elementos orquestrales en los que se encierran rudimentos
de muchas cosas, sin presentar bien desarrollada ninguna.

Un coro de ángeles entona, al parecer, las alabanzas al
Señor en forma sólo agradable á los oídos muy piadosos.
No hay que buscar allí ni la doble flauta con la *forbia* griega, ni los órganos del bajo relieve del obelisco de Teodosio,
ni la *siringa* estudiada por Barbieri, tan genial compositor
como erudito bibliófilo [2], ni los demás instrumentos que
menciona el salmo V ó se ven representados en los vasos y
esculturas antiguas: el autor de las miniaturas del manuscrito que examinamos no da muestras de conocer elemento
alguno de este género, y los siete músicos ordenados en
fila con que encabeza un libro de sus comentarios, emplean
sólo monocordios, reduciéndose al conjunto de sus monótonos sonidos las suaves y celestes melodías.

Esta es, á mi juicio, la primera fuente de conocimiento
para nuestro género de investigaciones, dentro de los límites del segundo período medioeval en que aquí las inicia-
mos. El carácter de los personajes, los perfiles de las figuras, el modo de entender las proporciones del cuerpo humano y la expresión de las fisonomías con espantados ojos,
la aplicación de las tintas, las líneas de otros matices, destinadas sencillamente tanto á marcar órganos, como á su-
plir el relieve y sombreado de que las figuras carecen, la
gamma del color, las amaneradas actitudes, la disposición de
la cabellera, el trazado de narices y boca, los pliegues
rígidos é iguales de las ropas, aproximan en parte estas
miniaturas, y en parte las alejan de las que contienen los códices de fecha indiscutible comprendidos entre los años 950
al 1000, como lo son el *Vigilano* y el *Emilianense* [3].

Se ve en el *Vigilano* ceñirse las ropas á la forma de los

personajes sentados, marcándose así la flexibilidad de las telas, y no hay indicio alguno de tales perfiles en nuestro *Apocalipsis*: existen, en cambio, en éste rudimentos de composición de algunas escenas que no presenta aquél con sus Prelados y personajes asistentes á los Concilios ordenados en uniformes filas. Apreciadas en conjunto las perfecciones y deficiencias de uno y de otro, atribuibles ya á fecha ó ya á diversa maestría del artista, y comparados ambos manuscritos al *Emilianense*, algo posterior al primero y menos fino de dibujo también, se impone la doctrina de ser clasificables todos en las postrimerías de la décima centuria, desde el punto de vista del carácter especial de sus elementos gráficos.

Ha de discutir además el investigador otro problema crítico de orden distinto del referente á la fecha; ¿no pudieran ser los objetos estudiados fruto del capricho del miniaturista? Tiene nuestro códice hombres que vendimian racimos, que pisan el mosto, que siegan espigas y forman gavillas, que combaten contra monstruos, que cabalgan con silla y sin estribos, que abren áureas puertas, todo cual formas simbólicas del místico texto en que se pinta el fin del mundo, los horrores de aquella lucha postrera entre el bien y el mal, la Babilonia ó la Roma corrompida y la ideal ciudad de Dios, adonde caminan eternamente los desvalidos del cuerpo y del alma, sin penetrar jamás en ella durante el curso de la existencia terrena... Mas si los personajes tienen únicamente una representación religiosa, los cuchillos, las hoces, las vigas de lagar, las armas y las llaves son copia de los objetos reales y de ellos deben serlo también los instrumentos músicos que en reducidísimo número muestran la pobreza de estos recursos en España al finalizar el siglo X.

Basta examinar con algún detenimiento las figuras para comprender hasta qué punto era simplicísimo el modo de manejar el ya por sí elemental *monocordio:* no hay clavijas para aumentar la tensión de la cuerda, ni puede reducirse su longitud por el pisado, con lo cual es imposible cambiar la nota que da con arreglo á sus condiciones de construc-

ción. Los músicos la hacen vibrar, sí, de tres modos diferentes: pulsándola con el dedo índice, ó con éste y el meñi-
que; frotándola con un arco; golpeándola con la mano, y
así aparecen en germen en el monocordio los tres grandes
grupos de instrumentos de cuerda que se conocen, y se ve
en él la primera etapa medioeval, recorrida durante los períodos de infancia, en ese camino que, con el transcurso
del tiempo y el desarrollo del ingenio humano, ha llevado
hasta los laudes y las arpas; á las violas y los violines, y á
los pianos de las más complicadas formas.

¿Qué variedad cabía de unos á otros ejecutantes? Uni-
camente la de la fuerza ó la del timbre, si ha de admitirse
que por la pulsación, el frotamiento ó el golpe se producían
diferentes series de armónicos del sonido fundamental con
arreglo á las investigaciones de Köning. ¿Poseían estos monocordios una caja armónica, siquiera la tuvieran reduci-
dísima? En el folio 117 está representado el mismo instrumento en manos de un ángel y allí se ve unida la cuerda á
una sencilla armadura de sujeción pintada de un color
plomizo destinado sin duda á indicar su carácter metálico:
en el 122 vuelto las armaduras parecen de madera y la
mancha uniforme de color impide reconocer su verdadera
naturaleza y propiedades; pero no se advierte tampoco que
la intensidad de la nota sea reforzada por la vibración del
aire en ningún resonador, como los de los *psalterios* ó
laúdes.

El más elemental instrumento de viento acompaña en
este códice al muy sencillo de cuerda que acabamos de describir; en seis folios distintos tañen mensajeros celestes la
bocina curva ó cuerno y por la influencia desus ecos, repe-
tidos de espacio en espacio, brotan llamas, desbórdanse las
aguas, mudan de curso los cuerpos sidéreos, salen de sus
abismos los monstruos, abandonan los muertos sus sepul-
turas, congréganse los hombres arrastrados por magnéti-
cas obsesiones hacia los lugares de mayor peligro, cual si
se hubieran suspendido las leyes providenciales y fueran las
fuerzas de la Naturaleza y sus seres juguete de algún torpe
hechicero al modo del pintado poéticamente por Goethe en

su *aprendiz de adivino* [4]; pero el objeto empleado simbóli-
camente en engendrar tantos prodigios es, en sí mismo, muy
sencillo y no revela mayor adelanto en el arte que el monocordio su compañero.

La pobre orquesta de este manuscrito se complica y ad
quiere más rica variedad al pasar á la centuria siguiente,
al mismo tiempo que comienza á imperar en los monumentos francamente el *arte románico* y que alborea con alguna timidez la escultura medioeval. Dos códices de la sección
correspondiente de nuestra Biblioteca Nacional, dedicados
ambos á los mismos comentarios de San Beato, contienen
figuras de músicos en número suficiente para reconocer en
ellos la acción de las nuevas corrientes que se marcan de
análoga manera en otras ramas de las artes. Los ancianos
que rodean el trono del *místico Cordero* pulsan aquí instrumentos de dos y de tres cuerdas con largos astiles y salien-
tes clavijas ó pasan arcos por los que presentan ya una
gran semejanza con los modernos contrabajos. Ni unos ni
otros se acomodan del todo al tipo de los nombrados por
muchos autores en años posteriores de la Edad Media, ni
reproducen, con su forma, forma alguna de los tiempos
clásicos.

Seis ejecutantes copiados por Aznar en su obra de indumentaria española [5], ocupan uno de los folios del manuscrito más espléndido que fué concluído en 1085; las bocinas
recta y curva, los platillos, las láminas trapezoidales vibrác-
tiles y el precitado instrumento de cuerda, acompañan aquí
á la doble flauta de reminiscencia griega, que el personaje
lleva á su garganta y no á la boca por un extraño capricho
del miniaturista. Entre los seis se dibujan las tradiciones
diversas conservadas siglos tras siglos en los pueblos y
eternamente renacientes, así como las corrientes opuestas
que á ellas se superponen, componiendo con reducido número de elementos el grandioso cuadro de la asociación de
las genialidades de diversísimos orígenes, que es la característica primera de todo el arte español [6].

Prescindiendo de los demás detalles que se cosechan en
prodigioso número en los folios de los interesantes docu-

mentos puede ya adivinarse en lo dicho el carácter de aquel movimiento que se produjo desde fines del siglo X á los comienzos del XII como primera fase de la transformación que había de realizarse luego al alborear la décimatercera centuria. Mantúvose el primero dentro de ese carácter monástico que se ha determinado respecto de las demás creaciones coetáneas y aun puede afirmarse que en el campo de las miniaturas imperaron más exclusivamente el simbolismo y los rasgos hieráticos atribuídos con exceso de generalización á los relieves, siendo todos los músicos en estos códices personajes sagrados, ángeles ó ancianos del sacro coro, como los vieron en sus ensueños Ezequiel y el Evangelista.

Esta condición delimita bien el período y da colorido propio á la sociedad de su tiempo; vivía ésta bajo el conocido patrocinio sacerdotal, y del clero regular recibía el impulso para las artes, como los consejos espirituales para el bien del alma. Lentamente iban educándose en los monasterios, al lado de los religiosos, los obreros laicos que habían de heredar sus inspiraciones y modificarlas después. En los relieves de los capiteles descubríanse cada vez más acentuadas las señales de su vida; pero los manuscritos, manejados por los primeros, guardaron más tiempo el espíritu del segundo período medioeval, siendo más brusca la transición á las miniaturas de manos laicas, ó adaptadas por lo menos al sentido de la sociedad civil de los días del Rey Sabio.

Hay en las esculturas detalles en que se marcan suaves los matices de evolución para pasar del primero al último término; y presentan, opuestamente las miniaturas de los códices vigoroso el contraste entre las costumbres de ambas épocas Buscando los datos sobre instrumentos músicos en los folios de éstos ha de aparecer sobrado rápido el desarrollo de las orquestas bajo el reinado de Alfonso X pudiéndose pensar, ya que con la nueva existencia social nacieron recursos también nuevos, ó ya que los instrumentos pastoriles se ennoblecieron y elevaron á las altas esferas de las clases privilegiadas en que antes no se les recibía.

3

II

Desde la segunda mitad del siglo XII, y durante todo el curso del XIII, pueden contemplarse personajes tañendo bocinas y trompetas ó pulsando cuerdas sujetas á cajas armónicas de diversas formas, lo mismo en las miniaturas de curiosos infolios, que sobre los muros de los templos y los capiteles de los claustros.

Los contienen los dos libros de las *Cantigas* pertenecientes al monasterio escurialense [7] y los del Códice Justiniano que guarda hoy el Archivo histórico nacional [8]. Se destacan, en medio de otras representaciones, en muchas de las puertas románicas ú ojivales llamadas del *Juicio final*, donde se reúnen en extraño conjunto místicas virtudes; repugnantes vicios, expresados con un realismo digno de Marcial ó de nuestro cancionero burlesco; castigos horrendos, mezcla singular de lo dramático y lo cómico; piadosas tradiciones, serafines de múltiples alas, ángeles amenazadores y el coro de los veinticuatro ancianos [9].

Dos razones inclinan á preferir aquí también las primeras obras artísticas á las segundas en el curso de nuestros estudios: la aplicación del color, que descubre en muchos casos la naturaleza del material empleado en el instrumento músico; los datos respecto del nombre y uso de los mismos deducidos de la lectura de algunos textos. Y á estas dos directas puede agregarse una tercera que no lo es tanto; la indumentaria del ejecutante, mejor determinada en las obras pictóricas, que permite elevarse á veces hasta la procedencia del objeto por el pueblo á que pertenece el que lo maneja [10].

Son en este segundo período documentos de excepcional importancia los susodichos ejemplares de las *Cantigas* que atesora El Escorial, donde los ropajes denuncian el mismo

siglo de los psalterios de San Luis, recientemente estudiados por *Haselof* [11], y el mobiliario expresa la civilización
material *alfonsi*, de igual modo que las obras traducen el
alto espíritu científico y literario de aquel reinado. Al lado
de estos hechos demostrados por las líneas, importa poco
averiguar, para nuestro objeto, si las miniaturas son de época, ó copia en encuadramientos del siglo XIV de figuras anteriores [12]; el problema es interesante para otros órdenes
de estudios, y allí ha de ponerse en claro si el gablete dibu
jado en algunas las lleva á la centuria décimacuarta ó si la
autenticidad de las pinturas prueba por el contrario que
hubo de aparecer antes de lo que comunmente se cree la
esbelta forma arquitectónica.

La sociedad entera de aquellos tiempos, con la mezcla
extraña de las razas convivientes y las variadas clases sociales, aparece en sus folios llena de colorido y vida. Apré-
ciase allí lo mismo la multiplicidad de tocados de las damas,
según su alcurnia y los diferentes actos que ejecutan, que el
alhajado de las habitaciones y los medios de solaz emplea-
dos. Costumbres y situaciones difíciles se representan con
una inocencia incomprensible ó con una sinceridad exagera-
da, y el texto quita todo género de dudas acerca de las
intenciones del pintor, que dibuja sin rebozo accidentes y
detalles poco publicables en algunos casos. Menestrales y
caballeros, islamitas y hebreos, Prelados y Pontífices, son
actores en las escenas narradas; y el oro sobre brillantes
tonos rojos y azules da á sus trajes la riqueza de las cortes
más fastuosas.

Uno de los ejemplares contiene las diversas siluetas enu-
meradas, y el otro presenta sólo artistas en el encabeza-
miento de algunas poesías: si el primero es de valor inapre-
ciable para los estudios de conjunto de su época, lo es asimismo el segundo para la historia de los progresos musicales. Damas, pajes, juglares, magnates, frailes, príncipes,
plebeyos, heraldos, campesinos, conversos moriscos y hebreos tocan variados instrumentos, simulando acompañar
con ellos los loores á María; y no son sólo sentimientos piadosos los que mueven á tan abigarrada muchedumbre; es

una inclinación de amor y ternura hacia la que remedia da-
ños é injusticias que no alivian ni corrigen los magistrados
de la tierra. La judía inocente acusada de adulterio, la madre atropellada por el hijo, el pobre explotado por los israe-
litas, contra quienes eran impotentes todas las reclamacio-
nes consignadas en nuestros cuadernos de cortes, el adoles-
cente al que arrancan la mujer amada desde la infancia, la
monja olvidada, en ciega pasión, de sus votos que al arre-
pentirse encuentra incólume su honra y fama, dan gracias
á su bienhechora entre acordes y cantos arrancados á su
corazón conmovido.

Lo que es fuente de emociones para las almas delicadas
lo es también de conocimiento científico para los hombres
de estudio. Descúbrese en primer término que al través de
las grandes edades han persistido elementos clásicos y se han
olvidado otros, ó no ha tenido interés el miniaturista en re-
presentarlos, supuesto poco verosimil dados los recursos á
que acude para agotar materialmente los distintos tipos de
ejecutantes. En la cantiga CCCLX se ve la legítima here-
dera de la doble flauta griega, transformada ya y al músico sin la *phorbia;* entre cincuenta y tres figuras diferentes
no hay ninguna que maneje la *siringa*, que debió presen-
tarse de nuevo en centurias posteriores.

¿Faltaba el conocimiento de algunos instrumentos? ¿No
se empleaban por aquellos años? ¿No los reproduce el dibu-
jante por ser de uso muy diferente de los que él copia en
sus folios? Sólo entre los figurados en estos brillantes códices hay ya ejemplos de todos los grupos y subgrupos que
se han formado en las clasificaciones modernas: instrumentos de percusión con sonido indeterminado y determinado;
instrumentos de cuerda por pulsación, frotamiento ó golpe;
instrumentos de viento con embocaduras variadas, dotados
de lengüeta ó privados de ella; órganos portátiles con ele-
mentales medios de producir corrientes de aire ó gaitas con
pellejos llenos de este fluído; términos todos variadísimos
de las series paralelas de desarrollo en que se unen las ante-
citadas herencias legadas por los tiempos clásicos á las in-
novaciones de la Edad Media, que aquí, como en la Arqui-

tectura, tuvo su genio propio y su fecundidad creadora.

Son los representantes de los instrumentos de percusión de sonido indeterminado los platillos y unas castañuelas rectangulares y sin cintas, de condiciones más análogas á las *tejoletas* empleadas por la Cariharta en *Rinconete y Cortadillo*, que á las que acompañan los bailes de nuestras jóvenes meridionales Entre los del mismo grupo y tono mejor definido se ven las series de campanas golpeadas con martillos que maneja un eclesiástico ó puestas en vibración por sendos apéndices, largos y con discos, como forma rudimentaria de los más complejos mecanismos de tiempos posteriores.

La *gaita zamorana, ó sinfonía* [13], con sus cuerdas, su rueda y su teclado, que ha llegado hasta los primeros años de nuestra infancia en las humildes manos de los pordioseros, se encuentra á la cabeza de la cantiga CLX y es un hombre con túnica y manto, cómodamente sentado en elegante sitial, el que allí la maneja; las *gaitas con pellejo hinchado de aire* de diversas formas y condiciones andan en manos de jóvenes con el cubre cabello que tan singular aspecto da á los contemporáneos de D. Alfonso. Así pasan de clase en clase los objetos de variadas aplicaciones, haciéndose hoy elegante lo que ayer fué vulgar y volviendo á la obscuridad y al olvido, mal adaptados á las nuevas necesidades, los que sirvieron un día de juguetes á las gentes superiores que hubieron presto de sustituirles por otras cosas más perfectas y exquisitas.

Distínguense entre los demás solistas los que pulsan harpas ó psalterios; y para éstos, las violas y los laudes es grande la riqueza de tipos, lo mismo que el número y disposición de las cuerdas. Desvíanlas unos directamente con los dedos ó las separan otros con una pequeña púa de pluma, de hueso ó de madera, y ya en las cajas armónicas ó ya entre las cuerdas de muchos se advierte la existencia de placas metálicas, como medios auxiliares de cambiar la intensidad y el timbre de las notas que hoy, quizá, no agradarían á los oídos delicados.

Al conocimiento de las formas se une en el análisis de

las hermosas miniaturas el de los materiales utilizados; los colores no son casi nunca caprichosos y no hay necesidad de torcer lo más mínimo la imaginación para distinguir diversas maderas, el hueso ó el marfil, el latón y otros metales componiendo las diferentes porciones resonadoras, y los pellejos de las gaitas aprisionados por redes de cordones que los refuerzan y adornan. Exprésase en los rostros el mayor ó menor esfuerzo empleado en la ejecución, contrastando la fisonomía tranquila de los que manejan violas ó psalterios, con las mejillas hinchadas de los que tañen grandes trompetas ó cornos. No se olvida en la composición pictórica detalle alguno y si aparecen de pie los que hoy se presentan en nuestros escenarios en la misma actitud, descansan en amplios sitiales aquellos que necesitan de reposo para conmover al público con sus melodías.

Música, pintura, escultura y arte monumental se desenvolvieron á la vez espléndidamente movidas por el mismo y vigoroso impulso. Hace ya largos años se expuso con datos fehacientes lo que había representado el siglo XIII en la historia de la construcción, y ahora, de día en día, al rectificar fechas y analizar obras se ve hasta qué punto hubo en él un intenso renacimiento de todas las manifestaciones de la genialidad humana. Debíase éste á la doble influencia de la mejora de los elementos comunmente utilizados y al ennoblecimiento del trabajo obscuro de todos á que antes aludimos, y aquí se demuestra en los ropajes denunciadores de la intervención de nobles y plebeyos en el famoso poema de conjunto que forman en el fondo las historietas y tradiciones narradas en las *Cantigas*.

Dos instrumentos muy distintos, el órgano y la flauta transversal, se prestan á deducciones curiosas cuando se comparan nuestras miniaturas con las miniaturas de manuscritos extranjeros, y hay que modificar bastante respecto de ambos las opiniones de algunos tratadistas, fundadas sobre los datos contenidos en documentos cuya fecha se ha rectificado, del mismo modo que el examen detenido de muchas fábricas obligó á cambiar también las fechas de su labra.

La representación más antigua de la flauta transversal que hemos visto en Francia está en las vidrieras de *Sens*, que no van más allá de los comienzos del siglo XVI [14]; y los testimonios escritos de su existencia, muy anteriores á los gráficos, comienzan en el XIV con los versos de *Guillermo de Machau* y de Eustaquio de Deschamps tan comunmente conocidos [15]. Los documentos españoles se adelantan á estas fechas y en la cantiga CCXXXX se ve el indicado instrumento en manos de dos jóvenes con toda la indumentaria de la décimatercera centuria.

Respecto de los órganos antiguos expuso ya aquí mismo eruditos datos el Sr. Jimeno de Lerma en su discurso de recepción, tomándolos de las autorizadas obras de Fetis, Hamel y otros [16] y es además cosa sabida que se hallan esculpidos los llamados *neumáticos* en el bajo relieve del obelisco de Teodosio y en aquel bello monumento clásico guardado en el *Museo de Arlés*, dentro de un territorio que ha llegado hasta nosotros con elementos del ambiente griego, así como en la curiosa piedra grabada del *Museo británico*, donde se aprecia el esfuerzo de los que á uno y otro lado manejan los fuelles.

Pasó á la Edad Media, hablándose de él en diferentes pasajes de los *Anales de Eginhard*, en los datos referentes á Carlo-Magno del monje de San Gall y en el curioso poema "La vida de *Switun*„ compuesto por *Wolstan*, monje benedictino de Winchester, demostrando entre todos su existencia durante los siglos VIII al X, y al llegar el XII encontramos, además, dos interesantes representaciones gráficas en la medalla perteneciente al reino de *Alejandro el angélico* con la leyenda *Place ispetri* y en uno de los folios del célebre psalterio de *Eadwine* de la ciudad de *Cambridge* [17].

Teniendo en cuenta tales antecedentes, extraña al que maneja las *Cantigas* no hallar representados los *órganos fijos* en ninguna de sus miniaturas Pudiera explicarse su no existencia en el ejemplar más sencillo por el carácter laico de la mayor parte de sus personajes y las condiciones en que se supone cantados los loores á María; pero no es fácil de interpretar aquélla en el más rico, donde están figurados los templos de la Virgen con minuciosos detalles: la campana en la espadaña exterior; los frontales de mosaico, de adornos geométricos unos, y con castillos y leones heráldicos otros; las cruces sobre el altar y las doradas cajas de reliquias; las lámparas y los incensarios; los candeleros y los copones de los celebrantes; los atriles con los libros de coro... todo menos el instrumento con que hoy se acompaña el canto de gracias.

¿Padeció este singular olvido el miniaturista ó no fué olvido la omisión sino reflejo fiel de la realidad de los hechos? Los espertos en el manejo de documentos de la época y en los detalles de la historia de la iglesia española os darán la solución precisa de este problema que nosotros planteamos únicamente como observación de carácter gráfico. Muchas veces la hemos realizado en el examen del hermoso códice, tan bello y tan sugestivo, que es expresión artística de un período glorioso para las creaciones geniales y la labor humana. Dió estos frutos el gobierno de un hombre juzgado como Príncipe débil por parte de los contemporáneos y sucesores que sólo concedían valor á las violencias y al hierro; rehabilitado en su memoria de día en día por los que lamentan que aquellos grandiosos impulsos de cultura y civilización no se hayan repetido una vez cada siglo, para llegar al actual con el rico tesoro de conocimientos propios de que tanto necesitamos.

El órgano portátil está en cambio reproducido en la cantiga CC, alimentada la corriente de aire por un fuelle que maneja con su mano izquierda el mismo que arranca las notas con la diestra. No puede estimarse este instrumento como un modelo de perfección; pero no le son superiores, ciertamente, el representado en el *Espejo* historial de *Vicent de Beauvais* [18], posterior en dos siglos al nuestro y provisto de un fuelle de la misma forma, y los movidos por ángeles con brillantes colores en los hermosos ventanales de la Catedral de Sens, producto del Renacimiento

Nos adelantamos, á lo que se ve, en algunas cosas y anduvimos retrasados en otras, que es después de todo lo que ocurre en los demás pueblos, siendo merecedores, sin excepción, de las más opuestas calificaciones. Tan fácil es en la historia exponer datos parciales con que confirmar las doctrinas más contradictorias, como resulta ardua empresa reunir múltiples elementos en un cuadro completo de conjunto que permita conocer con exactitud y apreciar con justicia el estado de una sociedad cualquiera en un determinado momento de su desarrollo.

Otro instrumento pastoril recordado por Barbieri, se encuentra en las *Cantigas* y no parece allí de carácter tan humilde, si ha de juzgarse de su valer por la condición social de los que le manejan. Consta de dos cañas con agujeros unidas por una embocadura común y «pegadas á una armadura tosca de madera ó cuerno que forma en conjunto una figura algo semejante á un pequeño cornetín» según las frases que transcribimos, del ilustre músico español: denomínase *albogue* y en el «se produce el sonido por dos tubitos con lengüetas á manera de pipitañas». Los dos representados en la cantiga CCXX concuerdan exactamente con la expresiva descripción [19].

En nuestro Archivo histórico nacional existen otros códices con miniaturas no muy distantes en fecha de las anteriores á juzgar por la indumentaria de los personajes. Son éstos los llamados Justinianos y en uno de ellos [20] hay también figuras de damas, frailes y pastores que tocan platillos, bocinas, violas y laudes dibujándose además en manos de una joven la pandereta con sonajas que mantiene con la diestra, pasando sobre su superficie los dedos y palma de su mano en la misma forma en que hoy se la hace sonar.

Acusan los instrumentos músicos el carácter secular y popular del período analizado, que tanto se marca también en las demás obras realizadas, y elementos sociales de mediados del siglo XIII.

4

III

No son superiores en variedad de representaciones á las *Cantigas* ninguno de los códices que las suceden hasta fines del siglo XV. En diversas Biblias del XIV hay menos datos para la historia y mayor imperfección en el dibujo; y los *psalterios* que aquí poseemos con espléndidos ornamentos marginales de hojas y flores *estilizadas* [21], son producto en su gran mayoría de manos extranjeras, como el de la Orden de San Agustín que guarda la Biblioteca escurialense [22].

Entre los documentos de los siglos XI y XIII se interponen en España los capiteles de los claustros de la duodécima centuria, á modo de páginas en que se consigna la erudición enciclopédica de los tiempos medioevales. Una vez pasados los años de *Alfonso el Sabio*, es necesario llegar hasta las curiosas sillerías de Rodrigo Alemán, labradas en la misma transición del XV al XVI, para encontrar tallados en madera ˉcuadros completos de la sociedad de su tiempo, del mismo valor que los esculpidos en piedra ó coloreados sobre las vitelas, de otras sociedades anteriores.

Es fácil seguir entre todos la historia de las representaciones gráficas de los instrumentos músicos hasta el momento adulto del Renacimiento; pero ni dentro de los límites medioevales que hemos puesto á nuestro trabajo, ni en fases bastante.alejadas de éstos, se encuentran ya dos cuadros de sociedades y dos períodos de desenvolvimiento artístico con un sello tan propio como los que hemos intentado bosquejar en los párrafos anteriores. Sirven ambos de brillantes puntos de mira para apreciar con exactitud el camino recorrido en el desarrollo de la genialidad humana desde los tiempos clásicos, y su especial vida, hasta la existencia moderna.

La fe profunda reflejada en los elementos artísticos de los monumentos de Alepo y Antioquía, se refleja del mismo modo en los inocentes coros de ángeles del libro del *Apocalipsis:* el ansia de vivir en la naturaleza y desplegar energías que descubre, sin perjuicio de la piedad, la construcción de las catedrales góticas, llenas de luz, repercute en los instrumentos del siglo XIII que suenan á alegría y amor en manos de orgullosos magnates y de humildes campesinos. Es la primer época expresión de la rígida disciplina; se respiran en la segunda auras de espontaneidad social, y unidas aparecen como fuentes creadoras de estos dos elementos, tan opuestos, como necesarios los dos para la buena marcha y crecimiento de los pueblos.

Alma muy llena de candor y oído excepcionalmente duro hubieran sido necesarios para aguantar en la realidad la superposición de las notas de siete monocordios que representa en el citado códice del siglo X el monje miniaturista. Los de la décimatercera prueban que el gusto se había educado y que los nervios eran más sensibles.

Así ha de trazarse una historia real del trabajo humano, y aquí en nuestra Península, del trabajo español, que pueden leer clara en las pinturas de los pergaminos, los relieves de los sillarejos ó las tallas de los coros, todos los que aman el estudio y á los goces de la verdad se dedican.

Es la música el arte galante entre las artes bellas y resulta curiosa coincidencia, por lo menos, que experimente en España el mayor impulso de desarrollo cuando se despierta con intensidad el fervor por el culto de María y con la grandeza de la Madre de Dios, se ennoblece la mujer. Sirve la imagen de la dama, para unos, de estímulo á grandes empresas, y enaltece en todos el espíritu caballeresco con la mezcla de idealidades y licencias que no constituyen un contrasentido de la época, sino una expresión del *ángel* y *la bestia* que se unen en variadas proporciones en el alma humana, como reflejo á la vez de su doble naturaleza divina y terrena.

Por eso cantan juntamente los bardos, acompañándose de los instrumentos descritos, milagros de la Virgen tan puros como la salvación de la judía inocente y escenas tan picantes como las de la monja tornera ó la abadesa enferma. Se despierta enérgicamente para la vida física, intelectual y moral y como en todas las épocas de libertad, antiguas y modernas, es libre también el vicio y hay que oponerle la propaganda activa del espiritualismo y de la virtud.

No hay por lo tanto una simple curiosidad de bibliófilo en el examen de las miniaturas de los códices y de las esculturas caprichosas de los monumentos: mueve á contemplarlas el deseo de conocer á las sociedades en los períodos de constitución é infancia y juzgar de ellas por algo más íntimamente enlazado á su existencia que las cartas pueblas otorgadas y las escrituras de fundaciones.

No caerá nunca en la nimiedad el que coseche estos detalles, si los recoge como elementos de construcción para trazar al través de los siglos la esencia del alma popular, con sus triunfos y sus caídas, aleccionadoras de las sociedades futuras.

He dicho.

NOTAS

[1] *El Artista.*—Los instrumentos de teclado: 15 de Marzo de 1867.—La música en tiempo de Carlo-Magno: 15 de Abril de 1867. - La música en los primeros tiempos del cristianismo: 22 Abril de 1867.—De la instrumentación desde el siglo I al X: 22 de Mayo de 1867.—La música religiosa en la Edad Media: 30 de Junio de 1867 —La música en los primeros tiempos del cristianismo: 22 Agosto de 1867. Del bardismo y de la música bajo los Merovingios: 30 de Septiembre de 1867. Historia de la música instrumental: 30 de Octubre de 1868.

[2] *Barbieri* [Francisco A.] *Siringa,* ó silbato de cañas; *Boletín de la Real Academia de Bellas Artes de San Fernando.* Año XI, 1891, pág. 20.

[3] Conclúyose el Códice Vigilano el 25 de Mayo de 976 de J. C. y el Emilianense pocos años después,

[4] Goethe [Juan Wolfang]. — *Lieds,* en las *Obras completas.* — Edición de Stuttgard, 1845-1847.

[5] Aznar y García [D. Francisco].—*Indumentaria española.*

[6] En la biblioteca de la Real Academia de la Historia existe otro códice con los comentarios de San Beato al Apocalipsis de San Juan, que parece también del siglo XI. Puede asegurarse que no es de la misma procedencia que los anteriores, de los cuales se diferencia en muchos de sus elementos, y revela en parte su carácter el hecho de ostentar un Príncipe la corona de placas acharneladas, como la del Tesoro de Monza de época muy anterior, que ha estudiado tan concienzuda y eruditamente *Mgr. Barbier de Montault,* perdido por desgracia para la ciencia en este mismo año. Una corona del mismo género se repite aquí en un capitel con la Adoración de los Magos, de trabajo bastante tosco, que existe en San Martín de Frómista.

[7] Véase el interesante estudio de D. José Amador de los Ríos acerca de las *Cantigas,* en el Museo Español de Antigüedades.

[8] Códices Justinianos del Archivo histórico nacional con las signaturas 991 *b* y 991 *a* antiguas ? Hemos podido estudiarlos detenidamente por la amabilidad del digno director de aquel establecimiento, *Sr. Vignau.*

[9] En muchas puertas del Juicio final, como el ingreso á la Virgen de las Peñas, en Sepúlveda, es ya imposible reconocer los instrumentos que los ancianos tenían en sus manos: en otras, como el Pórtico de la Gloria de Santiago, se encuentran en cambio bien marcados y pueden clasificarse.

[10] Las *Cantigas* son un álbum completo de los trajes y tocados usados por las gentes de las diversas razas que convivían en los días del Rey Sabio.

[11] *Haselof.—Les Psautiers de Saint Louis.—Extrait des Mémoires de la Société national des Antiquaires de France.—*París, 1899.

[12] El profesor alemán citado en la nota anterior, formuló al visitarnos y visitar la Biblioteca de *El Escorial*, algunas dudas acerca del ejemplar de las *Cantigas* que tiene mayor número de miniaturas. La existencia del gablete dibujado en varias de las últimas le inclinó, muy probablemente, á pensar en el siglo XIV; pero la indumentaria corresponde á la décimatercera centuria

[13] Así se la denomina en el país, según nos ha indicado el Sr. Fernández Duro. El Sr. Peña y Goñi la llamó *manicordio; sinfonía ó viola* la llama el señor *Jimeno de Lerma; chinfonía, sinfonía ó gaita zamorana* el Sr *Sbarbi; sarrabete* el Sr. *Zubiaurre.*

[14] El angel que toca la flauta está bien dibujado y su actitud no deja lugar á dudas acerca de su modo de manejar este instrumento completamente semejante al actual.

[15] *Guillermo de Machau.-* Nacido en 1284 y muerto en 1370. El capítulo *Comme li amant feut au diner de sa dame* en su poema *Li temps pastour,* consigna detalles muy curiosos acerca de los instrumentos de música usados en su tiempo.—*Eustaquio Deschamps* llamado comunmente *Morél.* Nació hacia 1320 en *Vertus* de *Champagne,* y murió al comenzar el siglo XV. Ha dejado 1.174 baladas, 171 rondós y otras obras.

[16] *Ildefonso Jimeno de Lerma.—*"El órgano desde los tiempos más remotos„ en su discurso de recepción en esta Real Academia en 21 de Enero de 1883, y en *La Ilustración Española y Americana* año de 1883.—Tomo I, pág. 82

[17] En la miniatura del psalterio de Cambridge se ve emplear palancas á los dos hombres que manejan los fuelles. Comparando con esta miniatura el relieve del tímpano del ingreso principal de la Catedral de León se advierte que éste no corresponde ciertamente á un progreso, porque el órgano que aquí toca un ángel recibe el aire de un fuelle del tipo de los domésticos que maneja otro personaje.

[18] *Vicente de Beauvais,* fraile Dominico que nació en 1190 y murió en 1256 ó 1264.—"El espejo historial„ es una de las cuatro partes en que se divide su conocida obra *Speculum majus,* que fué publicada ya en Estrasburgo en 1473

[19] Descripción breve, pero expresiva, del instrumento llamado *albogue,* por D. Francisco Asenjo Barbieri, en la memoria sobre la *Siringa* antes citada

[20] 991.—b. del Archivo histórico nacional.

[21] Véanse los trabajos publicados acerca de los elementos decorativos medioevales por Mr. Cloquet en la *Revue de l'Art Chrétien,* números 1.° al 4.° de este año, y lo que que allí se dice sobre el modo de *estilizar* las flores y las hojas.

[22] Está expuesto en vitrinas. Conste aquí nuestra gratitud á los Rdos. Padres Agustinos de El Escorial, que, con amabilidad nunca desmentida, han puesto á nuestra disposición cuantos códices de aquella Biblioteca hemos necesitado consultar.

NECROLOGÍA

DE

DON ANTONIO PEÑA Y GOÑI

D. Antonio Peña y Goñi nació en San Sebastián, á 2 de Noviembre de 1846.

Diéronle las tierras guipuzcoanas el delicado sentido musical y las inclinaciones al pelotarismo, que son innatas en aquel suelo, y unió á éstas la afición á la lidia que, en contraste con otras cualidades, se ha ido extendiendo por los pueblos del Norte, haciéndolos más devotos de la fiesta nacional que los mismos pueblos meridionales.

Los espíritus activos han de traducir siempre en hechos y exterioridades los sentimientos que forman su mundo interior, y Peña y Goñi, que lo era en alto grado, expresó en numerosos artículos y libros, muy desemejantes por el fin perseguido, y muy análogos por el ingenio con que están escritos, el abigarrado conjunto de ideas que bullía en su cerebro.

Dedicó al toreo en 1887 la obra intitulada: *Lajartijo, Frascuelo y su tiempo*, en que traza un cuadro lleno de colorido y vida del *redondel* y de los espadas de su época, y siete años después, cuando ya formaba parte de esta Real Academia dió á la estampa *Guerrita* como continuación de la anterior. Campaña viva la hizo defendiendo y criticando el mismo arte en su revista *Cuernos*, y aún añadió picantes narraciones referentes á unos ú otros diestros en su *Cajón de sastre* que lo es realmente, pero muy ameno.

Su obra, *La pelota y los pelotaris*, consta de dos tomos, dedicados respectivamente al *juego* y á sus *jugadores*, y en el prólogo-dedicatoria á su hermano Javier, con que comienza el primero, señala lo que es el pelotarismo en Madrid, como pretexto para muchas cosas que no tienen nada de correctas.

La mayor parte de sus libros, descontados los precitados, justifican plenamente la honrosa distinción que le otorgó la Academia y el cariño con que su predecesor y amigo *Saldoni* deseaba verle ingresar en ella, buscando un valioso elemento más que unir á los muchos y muy valiosos con que cuenta la Corporación.

Divídense aquéllos en verdaderas *loas*, de que es ejemplo el discurdedicado á Cristina Nilson, y leído en la Escuela Nacional de Música y Declamación el 26 de Diciembre de 1881; escritos de controversia y crítica como *Los despojos de la Africana*, en forma de carta, dirigida á D. Eduardo Medina, *La obra maestra de Verdi [Aida]; El Mefistófeles de Arrigo Boito; Arte y Patriotismo: Gayarre y Masini*, y obras magistrales, cual lo son sus apuntes históricos acerca de *La ópera española y la música dramática en España en el siglo XIX*, tomo en 4.º, mayor de 680 páginas, en que comienza citando la *Lira Sacro-Hispana* de Eslava.

Unió á todas estas algunas más, que pueden repartirse entre los tres grupos: *Nuestros músicos: Barbieri; Carlos Gounod; Impresiones musicales; El Dr. Thebussem; Contra la ópera española; Estudio crítico del drama lírico "Los amantes de Teruel„; Los Gnomos de la Alhambra de Chapí* (Proceso de un Jurado); *Los artistas del Real;* temporada de 1886 á 1887; *Los maestros cantores de Nuremberg; Luis Manchinelli y la Sociedad de Conciertos de Madrid*, y otras como *De buen humor*, que no es clasificable en ninguno de los tres. En todas ellas se revela hombre de raro ingenio, y hombre, también, apasionado, cuando más se esfuerza en aparecer imparcial.

Peña y Goñi se asoció á Revilla, y redactó con él el periódico *La crítica*, fué catedrático de Historia crítica de la música en la Escuela Nacional de Madrid, figuró entre los socios de número del Liceo de Barcelona, Sociedad de Conciertos de Madrid y Unión Artística Musical, y entre los honorarios de la de Santa Cecilia de Roma.

El 10 de Abril de 1892 leyó su discurso de recepción en la Academia de San Fernando, sosteniendo que la zarzuela es la forma lírica genuinamente española.

Cuatro años después se apagaba aquella vida tan llena de tantos y tan variados accidentes, como consagrada á tan distintos trabajos.

DISCURSO

DEL

EXCMO. SR. D. CESAREO FERNÁNDEZ DURO

Señores Académicos:

Pocas veces será la misión honorífica de responder en vuestro nombre á la oración gratulatoria de quien viene á esta Casa á compartir las tareas comunes de Instituto, tan sencilla y fácil como la que os habéis servido confiarme al acoger complacidos al Sr D. Enrique Serrano Fatigati, porque si en solemnidades semejantes va siendo costumbre hacer presentación del agraciado y reseñar las condiciones que justifican su elección, á una y otra formalidad suple tácitamente por sí mismo y de tal modo, con la disertación leída, que no queda cosa importante que añadir, fuera de aquello que la modestia veda al concienzudo.

Bien lo habréis advertido; en la penetrante observación de las personas citadas en el discurso, se revela el natura·lista; en la exactitud descriptiva de las cosas, el matemáti·co; en la claridad de las explicaciones, el didáctico, y en el análisis de lo dudoso, el habituado á pesar cuerpos por mili·gramos, ó por *escrúpulos*, como atrás se diría, aplicando á la voz sus diversas acepciones. Ocioso parece, pues, sig·nificar que es el Sr. Serrano hombre de Ciencia [1], como lo fuera decir que lo es de Letras y que no sacrifica lo ameno á lo profundo, después de la probanza de erudición y buen decir que exhibe ahora, aumentando las de su inteligencia conocidas del público [2].

Que es artista además manifestaría el bosquejo del que fué nuestro colega, Peña y Goñi, aunque no le siguieran las delicadas deducciones del melómano, sutil hasta el pun-

de haber comprobado en la explosión de las pólvoras modernas, sobre todo en las compuestas con yoduro de nitró·
geno, el distinto efecto de las notas ideadas por el Benedictino de Arezzo [3]. Pero en esta particularidad que esen-
cialmente importa á la Academia, sí habría mucho que
agregar á lo enunciado, toda vez que el disertante se con-
creta al desarrollo de un tema elegido sin tocar materias
á las que tanto y más que á la música alcanza su competen·
cia. Algo insinuaré, por ello, en descargo de la comisión
recibida.

Al ancho campo de la Arqueología ha ido la predilección
del Sr. Serrano Fatigati en el descanso ó vagar de las ordina·
rias investigaciones profesionales. Fundador y Presidente
de la Sociedad de Excursionistas, conduciéndola de pueblo
en pueblo á la visita y examen de los monumentos como de
los Museos públicos ó particulares, no ha ocultado el saber
conseguido con la compulsa crítica de las páginas talladas
en piedra y las escritas en pergamino por las generaciones
que en nuestro suelo se sucedieron, antes cumple propósito
perseverante de extender aquél y divulgarlo á favor del
atractivo de los viajes, del agrado de la conversación amis-
tosa, del eficaz auxilio del objetivo fotográfico, sirviéndose
de los proyectores en la cátedra del Ateneo, del grabado
en las publicaciones ilustradas, y de la palabra y del ingenio siempre y en todas partes Profesor también artístico
de superior doctrina, por vocación y voluntad libérrima, en
conceptos distintos de los del Académico anterior, que ha
retratado, es propagandista infatigable de la cultura nacio·
nal, de la que ha mostrado justificantes en los Congresos
del extranjero al ejercer la representación oficial del Gobierno, sin perjuicio de multiplicarlos en Revistas de circu-
lación universal, fija la mente en el proyecto ambicioso
tanto como loable de dar forma al inventario gráfico de los
monumentos españoles [4].

De lo acopiado, revolviendo códices añejos, proceden los
componentes de la peroración que acabáis de escuchar, do-
blemente oportuna por lo que satisface á las tendencias modernas condensadas por un pensador en este apotegma [5].

«Las monografías eruditas son la necesaria base para que un día puedan historiarse las manifestaciones de la nacionalidad española en las tres esferas de la actividad humana: la Religión, la Ciencia y el Arte.»

Renacimiento en el sentido estricto de la voz, renacimiento á la vida nacional fué realmente el que siguió á la invasión de los agarenos y consiguiente ruina de la monarquía visigótica. Refugiados en las fragosidades de los montes los pocos que escaparon á la servidumbre del vencedor, al transcurrir el tiempo perseguidos, perdieron tras la riqueza, el hogar, las inteligencias directrices, la noción de cuanto constituye el bienestar. Se hallaron en las selvas casi atenidos á las condiciones de los pueblos primitivos, cuando emprendían la obra trabajosa y lenta de reconquista, equivalente á reconstrucción de la patria. En tal empresa los presenta todavía el códice del *Apocalipsis*, sonando la bocina bélica, obtenida del cuerno de un animal, y el monocordio, para el que bastaba el nervio de otra res, adherido á una rama curva, pudiendo servir á las veces para disparar flechas y, con mayor tensión, para acompañamiento de monótonos cantares, no más pulidos que el instrumento·

¿Qué otro primor habría de exigirse á los que en recio continuo batallar estaban constreñidos á defender con la una mano el surco que con la otra rompían en la tierra para sustentarse? Tales manifestaciones de arte correspondían y hermanaban con las aplicadas á la habitación, al mueble, al vestido y aun á las armas, necesidad primordial entonces, sin que del conocimiento de tan pobre industria se deduzca otra cosa que forzado retroceso.

Tiempo antes, en el siglo VII, comprendió el santo Isidoro en sus *Etimologías*, índice de instrumentos músicos en uso [6], dando fe de ser vulgares, el rey de todos ellos, á juicio de nuestro compañero el Sr. Jimeno de Lerma, con los más que en obras especiales, inclusas las de Dielafoy, Botha, Layard y otros exploradores de Asiria y Egipto, se citan como recreo de los pueblos de mayor antigüedad [7]. Tiempo después, con rápida progresión, especialmente en la centuria XII, durante la que el Rey Alfonso, *el Sabio*, abrió en

Salamanca la primera cátedra pública de enseñanza musical, vuelve á subir el nivel hasta igualarse y aun exceder en casos al de las naciones europeas [8]. Los cuerpos sonoros, los instrumentos de viento, de cuerda, de percusión, habían sido objeto de estudio que los perfeccionó, pudiendo servir de comprobante la idea realizada en el propio siglo XII, de que la esquila, el esquilón y la campana fueran aptos para algo más que llamar á los fieles á la iglesia, alegrando sus oídos [9].

Renacimiento se ha llamado convencionalmente á la época en que se despertó doquiera, en Occidente, el entusiasmo por las obras de la antigüedad griega y latina, suceso que coincidió con el finar del Renacimiento verdadero de la patria española, de que mención se ha hecho. Para esta data, las obras de escultura medioeval suministran, respecto á instrumentos músicos, pormenores útiles que adicionar á los de los códices con miniaturas, señaladamente en los pórticos de las iglesias de León, Santiago de Compostela, Toro, Ripoll, Santa María de Sepúlveda, tras lo cual va aumentando de día en día, las noticias, el registro de documentos que se verifica en los archivos municipales y de protocolos [10].

D. Juan Facundo Riaño, Director que fué, no ha mucho, de la Academia, y cuya memoria permanece viva entre nosotros, de pergaminos y relieves de los siglos X al XVI, depósitos de materia prima de la historia, como los ha nombrado el Sr. Serrano, extrajo, lo mismo que él, la suficiente para estudio curiosísimo de la música española, escrito en lengua inglesa [11]. Sólo que, teniendo distinto objetivo, dedicó su afán á los signos de notación, siendo el primero que ha tratado de los neumas visigóticos, únicamente usados en España, y el descubridor de estar compuestos de letras de su alfabeto, de acentos, puntos, signos especiales y de combinaciones de unos y otros en conjunto no interpretado hasta ahora, siendo importante observación suya que tales signos y letras visigóticas, que siguieron empleándose invariablemente en música hasta el siglo XIII, se aplicaron por separado á las firmas de personajes.

Las disquisiciones de ambos acuciosos arqueólogos, Riaño y Serrano Fatigati, vienen á ser en cierto modo comple-
mentarias, y son de hecho avances en la vía de resolución
de problemas complicados y obscuros por demás.

Uno y otro han hecho caso omiso de notable códice medioeval guardado en el Archivo de la iglesia de Compostela, aunque le adornan las miniaturas y la notación que cada
cual buscaba, sin duda por no ser obra española de las que
les convenía analizar. Tiene, no obstante, el libro, condiciones excepcionales, entre ellas la comprobación de las
corrientes nórdica y oriental, á cuyo flujo y reflujo con razón atribuye el Sr. Serrano Fatigati considerable influencia
en la modificación de las ideas, así como en cuanto afectaba
al adelanto.

Sabido es que una de esas corrientes principales se inició y se mantenía con las indulgencias ofrecidas por los
Pontífices á los cruzados que combatieran á los sectarios
de Mahoma, pudiendo así ganarse en tierra de España como
en la santa de Palestina. Llegaban traídos por el aliciente,
acompañando á la multitud de los soldados, caballeros,
monjes, gentes de letras como de armas, nombradas en las
crónicas al narrar las conquistas de Toledo (1085), de Valencia (1094), de Zaragoza (1118), y tantas y tantas más de
sitios y batallas en las que cooperaron por tierra y mar con
elementos aportados por ellos, útiles para restaurar el cau-
dal de la civilización anterior perdido ú olvidado.

Segunda corriente no tan perceptible á los ojos de nuestros escritores, bien que fuera evidente de suyo, constituía
la peregrinación al sepulcro del Apóstol Santiago el Mayor,
notada desde los tiempos de Carlo-Magno. Próceres, magnates, Obispos, damas ilustres, se unían asimismo á la masa
de devotos plebeyos formando grupos ó bandas á que ser-
vían de lazos los comunes intereses de la detensa, de la se-
guridad y de la economía. Los núcleos germinados en
Escandinavia é Inglaterra, hacían por mar los trayectos de
ida y vuelta; los que nacían de Flandes, Borgoña, Alemania
y los de más al Oriente de Italia, seguían por tierra vía trazada de antemano, engrosando al paso de las regiones y de

las ciudades recorridas, con gentes que esperaban la oca-
sión de participar de los beneficios de hospedería, de pro-
tección y de franquicias otorgadas por los Soberanos del
tránsito á determinados objetos de comercio propios por
volumen y peso á la conducción personal, tanto como acomo-
dados por el valor para sufragar los gastos de viaje. Agre-
gábanse al conjunto de los inducidos por el voto penitente,
acatando la autoridad del jefe director elegido, mercaderes
de oficio, curiosos, desocupados, juglares, trovadores, mi-
nistriles, buscadores de los que acuden á toda aglomera-
ción personal de carácter festivo que brinde ganancia y
alegría.

Guillermo X, último Duque de Aquitania, presidiendo á
una de tantas expediciones, vino á morir en la misma Compostela de su peregrinación el año 1137; Luis VII, Rey de
Francia, la hizo en 1154 á vuelta de la de Palestina; Tibaldo,
Conde de Blois, en 1159; Felipe, Conde de Flandes, en 1172,
creciendo en proporción los personajes de prosapia, y como
no pareciera decoroso que llegaran con las manos vacías,
siendo costumbre inveterada que el más pobre romero de-
jara ofrenda siquiera fuese de prenda de su ropa, los cáli-
ces, los frontales de altar, los ornamentos sagrados, las
joyas, se multiplicaban en el tesoro de la Iglesia, proporcio-
nando el depósito á los artistas, ideas y modelos magistrales que imitar.

Otro tanto labraba en el pensamiento el trato con personas ilustradas .durante la estancia, ó el cambio de objetos
y palabras entre el vulgo, trato y cambalache renovados
sin cesar, siglo tras siglo, hasta muy pasado el XVI, en que
se empezó á sentir la decadencia de las romerías por com-
plejas causas.

Indicación de cuanto voy sentando por datos colegidos
tiempo ha con objeto de apreciar la corriente extranjera
en los efectos de la navegación y el comercio [12], contiene
el códice compostelano de referencia.

Lo descubrió el laborioso P. D. Fidel Fita en excursión
por Galicia, y con el anuncio del hallazgo y las observaciones críticas que le sugería el examen, atrajo la atención de

los paleógrafos y de los músicos entendidos en Europa, promoviendo instructiva controversia [13].

Ofrenda es, cual las que antes dije, de un romero, de Aimerico Picaud, eclesiástico de la región de Poitiers, consistiendo en la relación de milagros del bienaventurado Apóstol, así como de la traslación de su cuerpo desde Jerusalem á España, con aprobaciones del Papa Calixto II, que dió su nombre al volumen al ponerlo en la lista de los auténticos que lee la Iglesia. Al escrito se añadió itinerario de los caminos europeos que afluían á Santiago con expresión de las mansiones abundantes en mantenimientos, de las poblaciones hospitalarias ó ajenas á esta liberalidad, exornándolo además con gestas y composiciones poéticas de las que se supone autor al dicho Aimerico, donante en junto con una señora flamenca nombrada Gerberga, á mediados del siglo XII.

Ha parecido lo más notable del libro desde el punto de vista del arte, un himno trilingüe (hebreo greco-latino) con estribillo flamenco, presumido coro que entonaran los peregrinos del Norte, vocalizando [14]:

> Herru Sanctiagu!
> Grot Sanctiagu!
> E ultreja, e sus eja!
> Deus, adjuva nos!

La circunstancia de acompañar á la invocación y á los loores nota musical en neumas de puntos combinados, grandemente despertó el deseo de interpretarlos, empresa á que se determinó el profesor español D. José Flores Laguna aceptando invitación que le hizo el Prelado de la Diócesis con objeto de que el himno resucitado se cantara, como se cantó, en la fiesta del Apóstol del año 1882 [15], si bien con el plausible trabajo no convenció á los que juzgaban y siguen juzgando á los indicados neumas, lo mismo que á los visigóticos, arcano impenetrable por ahora [16].

Muchas razonadas objeciones se hicieron á la traducción de las notas, sin dejar de oponerlas á la significación histórica del canto. Admiten algunos críticos que el estribillo de

6

Ultreja pudiera ser por entonces canto popular **extendido**: *Ultreja* se oyó gritar como exclamación guerrera de unión y arranque á los cruzados lombardos que entraron en Constantinopla á fines del año 1100: *Ultreja* á los de Tierra Santa, con ser tan varia la procedencia.

Que hombres de Flandes la repitieran en Galicia no es sorprendente, ni tampoco que adoptaran cántico adecuado para animarse mutuamente en las penalidades de la marcha Era hábito que al unísono lo hicieran los romeros; hay constancia de que lo practicaban los del santuario de Montserrat [17]; sábese haberlo ejercitado franceses [18] y aun se sospecha que en general acompañaran á la voz con las palmas de las manos, á más de los instrumentos, en razón á que la costumbre permanente aún en Andalucía entre los llamados *cantaores flamencos*, es de antigüedad remotísima atestiguada por las Sagradas Escrituras y por los textos clásicos antiguos [19]. Sea como se quiera, dejando al tiempo la madurez y resolución de estos enigmas, lo que con evidencia se acredita es el influjo que hubo de ejercer en la cultura, sin excepción de la música, el movimiento perenne de los peregrinos. Vander Straeten piensa que de ellos, de los instrumentos que traían ó de los que habían importado anteriormente, se valieron los canteros escultores de Compostela para modelar la orquesta de los veinticuatro ancianos apocalípticos que adorna el pórtico de la Catedral llamado de la Gloria [20].

Basta del argumento, para no poner á prueba **vuestra** resignación sólo por patentizar la exactitud de juicios del Sr. Serrano Fatigati. Si yo creyera oportuno, que **no** lo es, corroborar asimismo con algún ejemplo, la utilidad que encarece de registrar escrituras rancias aunque al parecer nada tengan que ver con el asunto que de momento preocupa, atentaría á aquella virtud que vais acreditando. Guardaréme de hacerlo y pondré los datos que me ocurren donde puedan verlos los curiosos [21].

Mas ya que de la Edad de Hierro me alejo, y de música os hablo por primera vez, consentidme ofrecer público testimonio de respeto y de gratitud á la memoria del **que me**

inició en el arte angélico; á D. Pedro Herrero y Mata, pres-
bítero natural de Zamora, organista, compositor, literato,
que acabó su carrera en la Corte sirviendo con aplauso la
plaza de contralto de la Real Capilla [22]. No fué culpa suya,
habiéndome enseñado bien, que yo lo aprovechara mal, entre múltiples motivos por haber salido temprano de su fé-
rula, llevado por el destino á otra escuela donde me fuera
lícito decir con el poeta [23]:

> Son mi música mejor
> Aquilones;
> El estrépito y temblor
> De los cables sacudidos;
> Del negro mar los bramidos
> Y el rugir de los cañones.

La reminiscencia me trae, como por la mano, á entrete-
neros en final con mención de los instrumentos sonoros que
por allá se gastan, harto distintos de los discurridos en las
edades anteriores, por no ser el aliento ni la pulsación del
hombre factores de la vibración intensa de las moléculas
atmosféricas que causan. Es el vapor engendrado en las cal-
deras de las máquinas el que escapando por conductos
adecuados á través de pitos, cuernos y bocinas, brama, atur-
de, estremece, sobreponiéndose con mucho á los ecos de las
trompetas y á los rugidos de las fieras, dominando al rumor
del choque de las olas y al estruendo del huracán, reco-
rriendo las distancias á semejanza de las conmociones so-
brehumanas.

Al más potente de todos ellos han nombrado los marinos
Sirena por sarcasmo hiperbólico monumental, pues eran
las deidades acuáticas de la Odisea peligrosas, y estas del
día son humanitarias; aquéllas, con voz encantadora atraían
al navegante hacia el abismo; éstas le alejan espantándole:
fascinaban las de los poetas con la dulzura; repelen las de
la realidad con la aspereza: de redes amorosas se valían las
compañeras de Telxinoe y Partenope, mientras que las na-
cidas del siniestro aterrorizan con el amago de su beso. Todavía, en suma de contrastes, tapaban sus oídos los pilotos

legendarios por no advertirlas, al paso que los de ahora, reinando la obscuridad ó la niebla, los abren desmesuradamente ansiando escucharlas [24].

Una sola de las de metal no suena, después de todo, tanto, tanto, que á distancia ensordezca: cuando por fiesta naval en los puertos y escuadras (que también en estos casos de recogijo se lucen), *cantan* en docena asociándose en el *desconcierto* á los cañones y las campanas, entonces es cuando se recomienda la precaución del prudente Ulises, siquiera para no contradecir al disertante de hoy en el pensamiento de que á medida que se ha educado el gusto se van haciendo los nervios más sensibles.

Tengo para mí que, si no precisamente por las sirenas, acaso fuese oyendo cierta trompetería en boga, que tiene bastante de común con la de Josué al derrumbar con el sonido los muros defensivos de los Jebuseos, por lo que dijera convencido el gran maestro Verdi:

En Música, retroceder es progresar.

HE DICHO.

NOTAS

[1] Desde el año 1870 viene desempeñando en la Segunda enseñanza las cátedras de Física, Química, Matemáticas, Historia Natural, habiendo ingresado en el profesorado por oposición.

[2] Obras científicas publicadas del Sr. Serrano Fatigati, son:
Nociones de Meteorología
Una lección de Física general.
Estudio físico del glóbulo sanguíneo.
Estudios sobre la célula.
Los derivados del protoplasma
El rayo de luz. Estudio físico.
Alimentos adulterados y defunciones.
Elementos de Química para la Academia general militar Premiada en público concurso. 5.ª edición.
Elementos de Química inorgánica y orgánica. 6.ª edición.
Influencia de las luces coloreadas en el desenvolvimiento de los infusorios. (En francés). *Comptes Rendus* de la Academia de Ciencias de París.
Points in a Programme of Phisics. Philosophical Magazine of London.
Equivalente mecánico del calor por las descomposiciones electro-estáticas. (En francés). *Archives des Sciences physiques et naturelles de Genève.*
La difracción del sonido. (En francés). *Idem.*
Estudios sobre la sangre (En francés). *Idem.*
Los bacterios y las generaciones espontáneas. (En francés) *Idem.*
Plantas insectívoras en España. *Anales de la Sociedad de Historia natural*
Coeficientes de solubilidad de los sólidos en los gases. *Idem.*
Investigaciones para la fundación de la Microfísica.
Reacciones químicas en el campo del Microscopio.
Fotografías microscópicas.

[3] Elementos de Química. 5.ª edición. Toledo, 1901, pág. 77.

[4] Son muchos los artículos artísticos, los más acompañados de figuras, que ha dado á luz en la *Revista de España, Revista Contemporánea, La Lectura, La Ilustración Española y Americana, Círculo de Bellas Artes, Revue de l'Art Chrétien.* Memorias arqueológicas, insertas principalmente en el *Boletín de la Sociedad Española de Excursionistas,* se cuentan:
Breve indicación de los monumentos medioevales españoles.
Sentimientos de la naturaleza en los relieves medioevales españoles.
Animales y monstruos de piedra.
Prejuicios populares. Apólogos y trabajo humano en códices y esculturas.
Miniaturas de códices españoles.

Excursiones arqueológicas por las tierras segovianas.
Escultura románica en España.
Relieves de los capiteles.
Inventario gráfico de los monumentos españoles.
Los claustros de Pamplona
Sepúlveda y Santa María de Nieva
Panteones reales.
Sepulcros españoles medioevales

[5] D. Luis Vidart. *Letras y Armas.* Segunda edición. Madrid, 1871, pág 79

[6] *Divi Isidori Hispal. Episcopi, Opera.* Madrid, 1599, fol. Enumera, Organum, Tuba, Tibia, Fistula, Sambuca, Pandura, Cithara, Psalterius, Lyra, Tympanum, Cymbala, Sistrum, Tintinabulum, Symphoniam.

[7] Entre los libros ya poco consultados, pero recomendables por la finura de las figuras, los de N. X Willemin, *Choix de costumes civils et militaires des peuples de l'antiquité, leur instrument de Musique...* 1798-1802. Dos tomos folio.

[8] D. Mariano Soriano Fuertes. *Historia de la Música española desde la venida de los Fenicios hasta el año 1850.* Madrid, 1885, 4 tomos, 4.°
Albert Soubies. *Histoire de la Musique. Espagne.* París, 1899-1900, tres volúmenes, 8 ° menor.
Á distancia de siete siglos de San Isidoro, el Arcipreste de Hita, Juan Ruíz, en el poema titulado, *De como Clérigos é Legos e Flayres e Monjas e Dueñas e Joglares, salieron á recebir á don Amor,* menciona los siguientes instrumentos: Atambores, Guitarra morisca, Laúd, Guitarra latina, Rabé, Garabí, Salterio, Vihuela de pénola, Medio caño, Arpa, Galipe, Rota, Tamborete, Vihuela de arco, Caño entero, Pandereta, Sonajas de azofar, Órganos, Cítola, Albordada, Gayta, Exabeba, Albogón, Cenfonía, Baldosa, Odrecillo francés, Bandurrias, Trompas, Añafiles, Atambales. *Colección de poesías anteriores al siglo XV,* por D. Antonio Sánchez. Madrid, 1790. Lo reprodujo D. Baltasar Saldoni en sus *Efemérides de músicos españoles.* Madrid, 1860, pág. 235, y varios otros.

[9] Miniaturas del códice de las *Cantigas.*
En la Revista ilustrada que se publicaba en Madrid en 1896, bajo la dirección de D. Adolfo Herrera, con título de *Historia y Arte,* se insertó (t. 11, p. 7) un escrito de D. Manuel Rico y Sinobas, nombrado *Historia de las herramientas de artes y oficios mecánicos en España, desde el siglo XIII hasta el XVI.* Copio los siguientes párrafos que importan á nuestro asunto·
"Las pruebas de la importancia histórica que se concedía en el siglo XIII en España á las herramientas de artes y oficios, se hallarán en aquéllos *Códices Alfonsíes,* ó de la época de Alfonso X de Castilla...
"Las cartelas del códice llamado de las *Cantigas,* como libro regio, podrán parecer más bellas que las de los libros de los juegos, á los apasionados por la música; pero sin ofender las artes pictórico y músico antiguos, las figuras de los artistas que en las mencionadas cartelas se ven, á nuestro juicio, no son las más importantes, comparándolas con la habilidad que tuvieron que desplegar con sus herramientas los violeros y organeros, para concluir aquella numerosa colección de instrumentos músicos dibujados en el libro de las *Cantigas,* porque cada uno de dichos instrumentos tiene figura diferente y dificultades para conseguir las armonías tan diversas como sus formas *Pero de los violeros y organeros y sus herramientas en la España del siglo XIII y centurias subsiguientes, si tenemos tiempo á vagar, nos ocuparemos más adelante.*
"Todo lo que se lleva expuesto no se ha escrito más que para probar la impor-

tancia que se dió en Castilla en el siglo XIII á las herramientas de artes y oficios, cuando los oficiales trabajaban las maderas, piedras y metales.

„También creemos que los códices y libros á que se ha hecho referencia, son los primeros en lengua vulgar que tienen dibujadas las herramientas del trabajo de muchas y diferentes artes Pero no se puede olvidar que el uso de aquéllos instrumentos y herramientas supone, para entenderse y aprender los ejercicios de la destreza entre maestros, oficiales y aprendices, un lenguaje técnico ó de talleres, de tal importancia, que el Dante, á principios del siglo XIV, recomendó viniera Ganuchio á la Península á copiar á plana y renglón los *Códices Alfonsíes* que se llevan mencionados, y se guardaban entonces en Sevilla, porque en sus textos debería encontrarse parte del lenguaje del trabajo y de las artes, de que carecían los artífices en Italia por los años 1340.„

El Sr. Rico y Sinobas no pudo realizar el propósito anunciado en el párrafo que he trasladado con letra cursiva. Acabó su vida sin que llegara el vagar á que tantas otras cosas fiaba.

[10] *La música en Gerona.* Apuntes históricos sobre la que estuvo en uso en esta ciudad y su comarca desde el año 1380 hasta mediados del siglo XVIII, por Julián Chía, Secretario y Archivero del Ayuntamiento. Con un apéndice del maestro Barbieri. Gerona, 1886.—*La música en Valencia.* Apuntes históricos, por Francisco Javier Blasco. Alicante, 1896

D. José Villa-amil y Castro, ha dado al público en la Revista titulada *Galicia histórica*, núm. 1.°, correspondiente á los meses de Julio y Agosto de 1901, un escrito titulado *Algunas notas acerca de la representación de gaiteros en los monumentos de Galicia,* en el que describe esculturas en la iglesia franciscana de Orense, en la de Dominicos de Ribadavia, en la sillería del coro alto de Celanova, en la capilla de San Francisco Javier del claustro de la Catedral de Pamplona, en la puerta que desde el mismo claustro da acceso á la iglesia y en la portada del crucero del lado de la Epístola de la Catedral de Orihuela, advirtiendo que en esta última se ven dos ángeles gaiteros entre cuarenta y dos que tocan instrumentos varios de cuerda y de viento.

[11] *Critical & Biographical Notes on Early Spanish Music, By Juan F. Riaño, Member of the Royal Academies of History and of Fine Arts of Madrid .With numerous illustrations.* London, 1887. En 8.°

[12] De ello he tratado en *La Marina de Castilla desde su origen y pugna con la de Inglaterra hasta la refundición en la Armada española.* Madrid. El Progreso editorial, 1894 En 4.°

[13] *Recuerdos de un viaje á Santiago de Galicia,* por el P. Fidel Fita y don Aureliano Fernández-Guerra, individuos de número de la Real Academia de la Historia. Madrid, 1880. En folio.

Monumentos antiguos de la Iglesia Compostelana, artículos escritos y publicados por el M. I. Sr Dr. D. Antonio López Ferreiro, Canónigo de aquella Santa Iglesia y el Rdo. P. Fidel Fita, de la Compañía de Jesús Madrid, 1882. En 4.°

[14] Traducido:

Señor Santiago!
Gran Santiago!
Avante éa, y sus éa!
Ayúdanos, Dios.

[15] *Boletín Oficial del Arzobispado de Santiago* Número de 22 de Julio de 1882.

D José Flores Laguna. ¡*Ultreja!* Canto de los peregrinos flamencos al Apóstol
Santiago. Madrid En 8.° Dos páginas.

[16] *El Canto de Ultreja.* Informe dado por la Real Academia de Bellas Artes
de San Fernando á la Real Academia de la Historia. Madrid, 1883. En 4.° 13 págs.
Les Musiciens neerlandais en Espagne du douzième au dix-huitième siècle.
Études et documents, par Edmond Vander Straet en. Bruxelles, 1885. Tome I.

[17] Según refiere Villanueva en su *Viaje Literario*, existía en Montserrat un
códice formado con cantos de peregrinos en latín y en lemosín. D Baltasar Saldoni, *Efemérides de Músicos españoles.* Madrid, 1860. Apéndices.

[18] J. B Pardioc. *Histoire de S. Jaques le Majeur et du pelerinage de Com-
postelle.* Bordeaux, 1863
Francisque Michel. *Histoire du Commerce d Bordeaux* Bordeaux, 1867. Vol. I.
Recogió este último en el valle del Gironda, de boca del pueblo, las siguientes
memorias:

> Encor les voient li gentil pelerín
> Qui à Saint-Jaques en vont le lor chemin.

> Encor le voient li pelerín assez
> Qui à Saint-Jaques ont le chemin torné

Vió también un librito significativo titulado:
*Aventures du retour de Guyenne, à l'imitation de la chanson des pelerins de
Saint-Jaques, et se chante sur le mesme air.* Paris, 1616. En 8 °.

[19] *Egipto y Asiria resucitados por D. Ramiro Fernández Balbuena, Canónigo penitenciario de la Santa Iglesia Primada de Toledo y Prefecto de estudios
del Seminario.— Universidad de San Ildefonso.* Toledo, 1901
Tratando en el tomo IV del libro del Profeta Daniel, y de lo que este refiere
acerca de la dedicación de la estatua de oro de Nabucodonosor, copia de la obra de
Jorge Rawlinson *(The five great Monarchies)* grabado de uno de los relieves ha
poco descubiertos, en que están representados siete músicos en marcha, seguidos
de 15 cantores, mujeres y niños de diversa edad, que baten las palmas de las
manos. Copia asimismo, como comprobante, del Psalmo XLVI: *Omnes gentes
plaudite manibus: jubilate Deo in voce exultationes,* y por último, de Hero-
doto (II, 60) "Hombres y mujeres van allá en buena compañía... Algunos de los
hombres tañen sus flautas sin descanso, y la turba de éstos y de aquéllas, entre
tanto, no paran un instante de cantar y palmotear."

[20] Vander Straeten en la obra anteriormente citada, tomo I.

[21] Un libro nuevo con título de *A livraria Real, especialmente no reinado
de D. Manuel. Memoria apresentada a Academia Real das Sciencias de Lisboa
por Sousa Viterbo* Lisboa, 1901. En folio, contiene esta nueva:
En carta de quitación dada en Evora á 5 de Julio de 1464 á Fernando Alfonso,
criado del Infante D. Enrique, de lo que quedó y recibió por muerte del mismo Infante, se anotan:
"Tres liuros, huā Santall de canto e un dominguall de canto, spritos en perga-
minho, e buñ de canto dorgan en papell."
De profesor desconocido del siglo XVII he visto datos en obra manuscrita
existente en la biblioteca de la Academia de la Historia, Colección Salazar, B, 21.
El autor expresa en la introducción y dedicatoria que él, D. Lázaro Díaz del Va-

lle y de la Puerta, natural de la ciudad de León, *como era caponcillo y tenía buena voz*, obtuvo ingreso en el Colegio de la Real Capilla, donde estudió música, no pareciendo ajenos á su destino dos tíos que figuraban en la corte: Tesorero general de S. M. y Contador de Resultas, el uno, y Sumiller de la Cava de la Infanta Reina de Francia, el otro Sirvió después como cantor en la dicha Capilla: fué paje del Patriarca de las Indias, D. Diego de Guzmán, y más adelante familiar de D Alonso Pérez de Guzmán el Bueno, Patriarca también, de quien se dice hechura. Leyendo historias en estos tiempos, se inclinó al estudio tan diferente—dice—de la nobilísima y liberal arte de la cristiana música, su primera profesión, y alcanzando título de coronista de S M. "escribió para el Rey y otras personas, obras genealógicas, políticas é históricas de grande estudio, adornadas del dibujo y divina poesía, en romance y latín, y de otras nobles y liberales artes é ilustres ciencias de mucha curiosidad é importancia „ La de referencia se titula

"Ilustración genealógica del muy ilustre y excelentísimo Sr. D. Alonso Pérez de Guzmán el Bueno, Patriarcha de las Indias, Arzobispo de Tyro, Mayor Capellán y Limosnero del muy católico Rey de las Españas y Emperador de América, D. Felipe IIII el Grande, N. Señor. Compuesta por D. Lázaro Díaz del Valle y de la Puerta, natural de la ciudad de León, que humildemente se la ofrece, dedica y consagra á S. Illma , con un catálogo de todos los señores Patriarchas de las Indias que ha auido; con el origen desta dignidad Patriarchal, y de los Señores Capellanes mayores que han tenido los catholicos señores Reyes de España, y del nombre de Capellan y Capilla. Año del Señor 1656. Y un índice de los Sumilieres de Cortina, con las genealogías de los Capellanes de honor y Predicadores de su Mag. que en tiempo de su Illma. han tomado posesion.„

[22] En el *Diccionario Biográfico Bibliográfico de Músicos españoles*, de D Baltasar Saldoni, Madrid, 1868-1881, tomo II, pág. 189, no podía ponerse la fecha del fallecimiento, ocurrido posteriormente, en 1882.

[23] *Obras de Espronceda*. Canción del Pirata.

[24] Al efecto se ha ideado un aparato llamado *Topófono*, que consiste en doble trompetilla acústica, acoplada en un ástil, de manera que los conductos puedan aplicarse á la vez á ambos oídos.

Lightning Source UK Ltd.
Milton Keynes UK
UKHW020634260820
368857UK00004B/422